우주_지구의 탄생

꿈꾸는 초록빛 지구

글_박미영 그림_이주록 감수_곽영직

예원미디어

46억 년 전에 태어난 지구.
46억 년 동안 꿈꾸는 지구.

나의 지구.
우리의 지구.

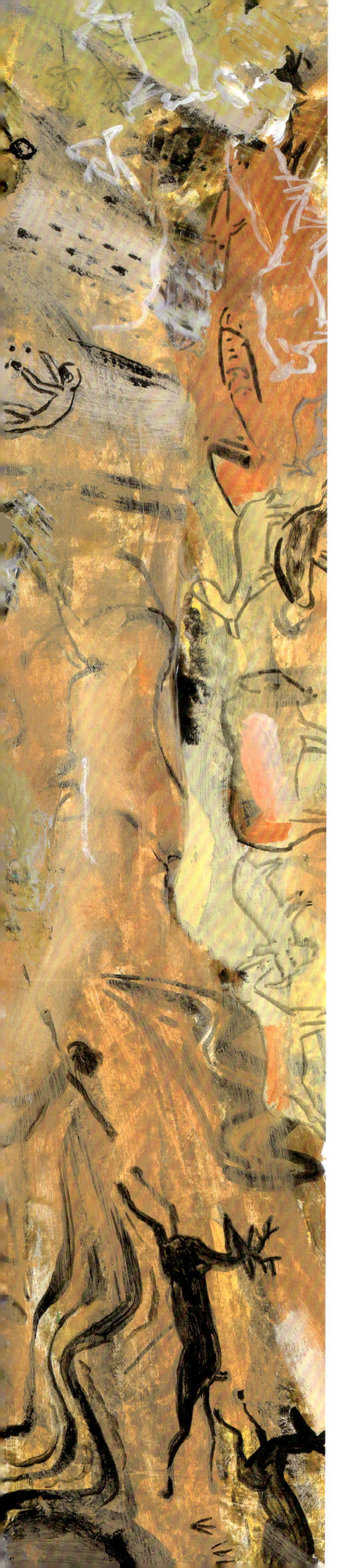

약 46억 년 전 : 지구의 탄생

지구는 우주를 떠돌던 수많은 먼지와 기체들이 뭉쳐 생겨났어요. 태양계의 다른 행성들도 마찬가지였지요. 처음의 지구는 다른 소행성이나 거대한 운석, 혜성과 수없이 충돌하며 합해졌어요. 이때의 충격으로 지구는 점점 뜨겁게 달구어졌어요. 그래서 암석이 녹은 상태인 마그마 바다를 이루었답니다.

처음엔 아무런 생명도 없이 오랫동안 불타고만 있었단다.
불을 뿜는 용처럼 붉은 마그마를 끊임없이 뿜어내며….

마침내
불덩어리가 서서히 식어 갔어.
지구 표면에는 마그마가 굳어 얇은 껍데기가 생겨났어.
공기 속의 물 알갱이가 모여
뭉게뭉게 구름을 만들었지.

구름은 곧 빗방울이 되어 무섭게 쏟아져 내렸지.
내리고 또 내린 비가 푸르른 바다가 되어
지구 위를 가득 채울 때까지.

약 38억 년 전 : 지각과 바다가 생김

별똥별들이 지구와 충돌하는 일이 줄어들자, 지구는 점점 식어 갔어요. 펄펄 끓던 마그마가 식으면서, 지구 표면에 단단하고 얇은 껍데기인 지각이 만들어졌어요. 공기 중의 수증기도 비가 되어 쏟아졌어요.

카나디아
칫솔의 솔처럼 생긴 억센 털 뭉치가 특징이에요. 억센 털로 바다 밑바닥을 기어가거나 물속을 헤엄쳐 다녔어요.

할루키게니아
7쌍의 돌기와 더듬이가 있어요. 돌기는 등뼈, 더듬이는 걸어 다니는 다리예요.

앵무조개
껍질에 공기구멍이 있어 물에 뜰 수 있어요.

짜디짠 바다 속에서 놀라운 일이 일어났어.
살아 숨 쉬는 생명이 탄생한 거야.
비록 하나의 세포로 이루어진 단순한 것들이었지만,
오랜 시간이 지나며 복잡한 생물로 발달해 갔단다.

한참이 지난 뒤,
드디어 우리가 최초의 동물이라 부르는 것들이 나타났어.
어떤 것은 속이 훤히 비치는
물렁물렁한 몸으로 유유히 헤엄을 쳤고,
어떤 것은 딱딱한 껍데기에 싸여 억센 털로 기어 다녔어.

삼엽충

딱딱한 껍질로 덮여 있으며, 바다 밑바닥을 기어 다녀요.

오파비니아

버섯 모양의 눈이 5개나 달려 있어요. 집게처럼 생긴 관을 이용해서 먹이를 빨아들여요.

약 5억 4천만 년 전 : 진기한 생명체들이 나타남

30억 년 전쯤, 드디어 바다 속에서 지구 최초의 생명체가 나타났어요. 박테리아나 남조식물 같은 단세포 생물이었어요. 그리고 5억 4천만 년 전에 이르러, 최초의 동물이 등장했어요. 처음에는 부드러운 몸의 벌레나 해파리 종류였어요. 그러다 차츰 삼엽충 같은 딱딱한 껍데기가 있는 동물들이 나타났지요.

야모이티우스
최초의 물고기 가운데 하나예요. 뱀장어와 닮았으나 온몸에 지느러미가 달렸어요.

그리고 또 얼마 뒤,
바다에서 물고기들이 헤엄쳐 다니기 시작했어.
이제 드넓은 바다에는
꽤 다양한 생명체들이 어울려 살았지.

하지만 바다가 너무 좁은 생명들도 있었어.
그들은 하나둘 땅으로 올라와 자리를 잡았어.
가장 먼저 식물들이 뿌리를 내렸고
곧이어 곤충들이 뒤따랐어.

고고스테우스

역시 초기 어류예요. 머리와 몸의 일부분이 뼈로 된 갑옷으로 둘러싸여 있어요.

> **약 5억 년 전 : 어류의 등장과 식물의 이동**
>
> 지느러미와 등뼈가 있는 물고기들이 나타났어요. 그리고 바다 식물들이 파도에 밀려와 땅에 뿌리를 내리기 시작했어요. 이렇게 육지 식물은 바다 식물이 땅에 적응한 거예요.

몇몇 물고기들도 바다 밖의 세계를 기웃거려 보았어.
이크티오스테가는 지느러미가 다리로 변해
땅위를 슬렁슬렁 누비고 다녔지.

이크티오스테가
육지로 올라온 최초의 등뼈 생물 중 하나예요. 몸길이가 1미터에 달해요.

약 3억 5천만 년 전 : 양서류 등장

어류들이 식물과 곤충으로 먹을거리가 풍부해진 땅으로 올라왔어요. 몇몇 물고기는 지느러미가 다리로 변했고, 아가미가 아니라 허파로 숨을 쉴 수 있게 되었어요. 하지만 알은 물에서 낳았으며, 새끼들은 다 자랄 때까지 물속에서 살아야 했어요. 이들이 바로 개구리와 도롱뇽 같은 양서류의 시작이에요.

이제 땅 위에도 수많은 생명이
자리를 잡았어.
자신을 감싸 주는 바닷물이 없어도
숨을 쉬고, 자식을 낳을 수 있는 방법을 알게 되었거든.

웨스트로티아나 리찌애

최초의 파충류로 알려져 있어요. 기다란 꼬리에 짤막한 다리가 특징이며, 오늘날의 파충류와 매우 닮았어요.

약 3억 년 전 : 파충류 등장

몇몇 양서류는 완전히 땅 위에서 살 수 있도록 진화했어요. 땅 위에서도 마르지 않는 단단한 껍데기의 알을 낳을 수 있었고, 겉피부가 단단한 비늘로 변해 몸이 마르지 않게 해 주었어요. 지구에 파충류가 등장한 거예요.

그러던 어느 해, 화산들이 폭발하기 시작했어.
시커먼 화산재가 햇빛을 가려
혹독한 추위가 몰아쳤지.
바다에서도, 땅 위에서도 수많은 생물이 사라져 갔어.

그렇게 2천여 년의 세월이 흘렀어.
쿠쿠쿵 쿠쿠쿵!
공룡들의 발자국 소리로
지구가 다시 술렁이기 시작했단다.

토오지앙고사우루스
이빨이 약해서 즙이 많은 연한 식물을 뜯어 먹고 살아요.

약 2억 2천5백만 년 전 : 공룡 등장
약 2억 4천5백만 년 전, 지구에는 거대한 화산 폭발이 일어났고, 곧이어 빙하기가 닥쳤어요. 그 결과 모든 생물의 약 95퍼센트가 멸종되었어요. 그로부터 약 2천 년 뒤, 겨우 살아남은 파충류들이 진화하여 공룡이 나타났어요. 공룡은 1억 6천만 년 동안이나 지구를 지배했답니다.

케찰코아틀루스
날아다니는 공룡 가운데 가장 덩치가 좋아요. 날개 길이만 무려 15미터에 달해요.

디플로도쿠스
몸길이가 27미터에 이르는 가장 긴 공룡 가운데 하나예요.

에오랍토르
가장 오래된 공룡 가운데 하나예요. 키다란 발톱으로 먹이를 단숨에 쓰러뜨렸어요.

공룡들이 스르륵 잠이 드는 밤.
메가조스트로돈은
비로소 조심조심 땅굴을 나섰어.

부숭부숭 덮여 있는 털로
차디찬 밤공기를 밀어내며
먹이를 찾고, 사랑을 나누었지.

약 2억 2천5백만 년 전 : 포유류 등장

살아남은 몇몇 파충류는 털이 부숭부숭한 포유류가 되었어요. 최초의 포유류들은 힘센 공룡들을 피해 주로 땅굴에 숨어 살았어요. 그러다 밤이 되면, 먹이를 사냥하기 위해 밖으로 나왔지요. 온몸에 털이 많아서, 쌀쌀한 밤에도 잘 견딜 수 있었거든요.

메가조스트로돈
최초의 포유류 가운데 하나예요. 주머니쥐와 닮았어요.

아르케오프테릭스
(시조새)

최초의 새. 아직 날개가 덜 발달하여, 오늘날의 새처럼 자유로이 날갯짓을 할 수 없었어요.

하늘을 꿈꾸던 공룡들도 있었단다.
서서히 그들의 몸에 날개가 생기고,
마침내 하늘을 날게 되었지.

그들 가운데 작고 가벼운 공룡들은
깃털이 돋아
푸른 하늘을 훨훨 나는 새가 되었어.

약 1억 4천5백만 년 전 : 조류 등장

몇몇 공룡은 앞발이 변해 날개가 되었어요. 그래서 날아다니게 되었지만, 아주 능숙하게 날지는 못했어요. 이들 가운데 작고 가벼운 공룡들은 몸의 형태가 변하며 깃털을 가진 새가 되었답니다.

녹색 식물들도 서서히 변해 갔어.
마침내 알록달록 꽃이
손짓하기 시작했단다.

꿀에 취한 곤충들은 꿀물을 쭉 들이키는 대가로
꽃가루를 이리저리 옮겨 주었지.

초록빛 지구는 온통
아름다운 꽃으로 출렁였단다.

약 1억 1천만 년 전 : 지구를 덮은 꽃식물

이 시기에 이르러서야, 지구는 오늘날과 비슷해졌어요. 꽃식물도 생겨나 지구를 뒤덮기 시작했지요. 꽃식물은 씨앗을 만들어서 널리 퍼뜨리는 식물이에요. 대부분의 꽃식물은 동물의 힘을 빌려 발달했어요. 달콤한 꿀과 과일을 먹은 동물들이 꽃가루와 씨앗을 널리 퍼뜨려 주었거든요.

어느 날 갑자기,
우주에서 날아온 거대한 바윗덩어리가
땅 위에 떨어졌어.
둔탁하고 강렬한 소리가 지구를 뿌리 째 뒤흔들고,
세찬 불길과 매캐한 가스 그리고 먼지구름이
순식간에 지구를 뒤덮었지.

공룡들은
견디지 못하고 하나둘 쓰러져 갔어.

약 6천5백만 년 전 : 운석 대충돌
지구가 공룡의 왕국이었을 때, 거대한 바윗덩어리(운석)가 지구에 떨어졌어요. 지구는 불길에 휩싸이며 가스와 먼지구름으로 뒤덮였어요. 햇빛이 가로막히면서 식물들이 죽어 갔고, 혹독한 추위가 몰아쳐 동물들도 죽어 갔어요. 또 한 번 수많은 동식물이 지구상에서 사라졌어요. 이때, 공룡도 멸종했답니다.

렙텍테디움
최초의 초식 동물 가운데 하나예요. 다람쥐와 매우 닮았어요.

그렇게 수많은 생명이 사라지고 지워졌어.

그러자 공룡을 피해 숨어 있던 동물들이
조르르 얼굴을 들이밀었단다.

약 6천 5백만 년 전 : 포유류의 번식

공룡이 멸종하자 땅굴에 숨어 있던 포유류가 그 자리를 채웠어요. 포유류는 온 땅으로 퍼져 나갔어요. 그리고 각각 새로운 환경에 적응하며, 새롭고 다양한 포유류가 태어났어요. 이제 포유류는 지구의 지배자가 되었답니다.

약 3백만 년 전 : 빙하기

지구에 다시 빙하기가 찾아왔어요. 동물들은 두꺼운 털로 몸을 감싸고, 동굴 속에서 긴긴 잠을 자며 추위를 이겨 냈지요. 이때 역시 많은 생물이 사라졌어요.

다시금 지구의 우그러진 주름이
펴지는가 싶더니,
이번에는 혹독한 추위가 찾아들었어.

또 많은 생명이 쓰러져 갔어.
하지만 추위에 맞서 끝까지 살아남은 생명들은
다시 땅 위에 온기를 심어 주었단다.

지구가 다시 들썩거리기 시작했어.
도구를 이용하는 인간들에 의해서.

인간들은 곳곳에 자신들의 흔적을 남기며,
지구의 무늬를 바꾸어 놓고 싶어 했어.
영원히 지구의 주인이 되겠노라 다짐하며….

몇 백만 년 전 : 인류 등장

약 4백만 년 전, 두 발로 걷는 무리가 나타났어요. 그 뒤로 인류는 도구와 불을 사용하며 뇌를 발달시켰어요. 약 40만 년 전에 현재의 인류와 비슷한 네안데르탈인이 나타났어요. 인류의 직접 조상이라고 여겨지는 크로마뇽인은 4만 년 전쯤에 나타났지요. 인류는 오랫동안 나무 열매를 따 먹고, 사냥을 하며 살았어요. 그러다 1만 년 전쯤 농사를 짓기 시작했답니다.

그런데 알고 있니?
우리 앞에 지저귀는 새가
어둠 저편으로 사라진 공룡의 후손이듯이,
인간 역시
그 옛날 단 하나의 세포에서 시작된
생명의 후손이라는 것을.

지금 이 순간에도
토도독 투투둑,
지구의 새 주인이 될 새로운 생명들이
싹트고 있을지도 몰라.

그리고 지구는
새로운 생명을 따뜻하게 맞아 주겠지.
46억 년 동안 그래 왔듯이,
앞으로도 영원히….

교수님이 들려주는 우주 이야기

꿈꾸는 녹색별

곽영직(수원대학교 물리학과 교수)

지구는 약 46억 년 전에 이루어졌습니다. 하지만 처음부터 지구에 생명체가 살기 시작한 것은 아닙니다. 지구의 환경이 생명체가 살기에는 적당하지 않았기 때문입니다. 그럼 언제, 어떻게 지구에 생명체가 나타났을까요?

아직 정확히는 모르고 있답니다. 다만 과학자들은 매우 이른 시기에, 지구에 생명체가 나타났을 것으로 추측하고 있습니다. 지구 초기에는 소행성이나 거대한 운석, 혜성과 수없이 충돌했고, 심한 지각 변동도 일어났습니다. 그래서 최초 생명체의 흔적이 거의 남아 있지 않답니다. 이러한 극심한 변화를 거쳐 지구에 평화가 찾아왔습니다. 그 뒤로 생명체들은 다양한 형태로 진화하기 시작했지요.

사람들이 역사를 기록하기 전까지의 지구는 시생대, 원생대, 고생대, 중생대, 신생대로 나누곤 합니다. 시생대 중기인 약 36억 년 전, 바다에서 지구 최초의 생명체가 나타났습니다. 박테리아(세균)나 남조식물 같은 '단세포 생물'이었지요. 특히 남조식물 등은 광합성 작용을 통해 지구 공기에 산소를 증가시켰습니다. 공기 중에 산소가 증가하면서 지구의 환경은 크게 변화되었습니다.

원생대 말에는 여러 개의 세포로 이루어진 '다세포 동물'이 나타났습니다. 그리고 고생대가 되면서 생명체의 수가 폭발적으로 늘어나기 시작했어요. 고생대 초기에 무척추 동물이 나타났고, 처음으로 땅 위에서 자라는 식물이 나타났습니다. 곧 양서류와 파충류가 나타나 생명체의 종류와 수는 더욱 다양해졌습니다. 고생대 말에는 날개가 달린 곤충도 나타났지요.

중생대에는 공룡, 파충류, 포유류가 나타난 시기입니다. 새가 나타난 것도 중생대였습니다. 중생대 때 지구를 지배한 것은 공룡이었습니다. 몸집이 큰 공룡에서부터 아주 작은 공룡까지, 그리고 식물을 먹고 사는 초식 공룡에서부터 다른 동물을 잡아먹고 사는 육식 공룡에 이르기까지 다양한 공룡들이 지구 전체를 지배했지요.

그러나 공룡의 시대는 갑자기 끝나 버렸습니다. 지질학자들은 약 6천500만 년 전, 지름 10킬로미터 정도의 운석이 유카탄 반도의 해변에 떨어져 지구 환경을 바꾸어 놓았기 때문이라고 설명하고 있습니다. 이 사건으로 지구를 지배하던 공룡이 멸종하고, 그 자리를 포유류가 차지하게 되었답니다.

신생대는 포유류의 시대입니다. 그 중에서도 인류는 가장 번성하여 지구를 지배하기에 이르렀지요. 인류가 언제, 어디에서부터 시작되었는지 아직 정확히 알지 못하고 있습니다. 다만 고생 인류는 약 200만 년 전부터 나타나기 시작했고, 우리들의 직접 조상이라고 할 수 있는 현생 인류는 수십만 년 전에 나타난 것으로 알려져 있습니다.

고생 인류와 현생 인류 사이에 어떤 관계가 있는지에 대해서도 아직 연구가 진행되고 있답니다. 지구는 지구에 살고 있는 다양한 생명체의 고향입니다.

글을 쓴 박미영 님은 중앙대학교 문예창작학과를 졸업하고, 현재 시나리오 작가 및 동화 작가로 활동하고 있습니다. 〈해변으로 가다〉〈하루〉〈빙우〉 등의 극본 작업을 하였습니다.

그림을 그린 이주록 님은 경희대학교 동양화과를 졸업하고, 〈반달 저수지 수달 달래〉〈날개 달린 휠체어〉〈정족산성의 비밀〉〈베틀과 도라지〉〈병아리를 채간 고양이〉 등의 작품에 그림을 그렸습니다. 지금은 광릉 수목원 자락에 작업실을 꾸미고 어린이를 위한 그림 그리기에 힘쓰고 있습니다.

감수를 한 곽영직 님은 서울대학교 물리학과를 졸업하고, 미국 켄터키대학교에서 박사 학위를 받았습니다. 지금은 수원대학교 물리학과 교수이며, 어린이들에게 과학을 쉽고 재미있게 소개하는 일에 관심과 열정을 가지고 있습니다. 지은 책으로는 어린이 과학책 〈데굴데굴 공을 밀어 봐〉〈왜 땅으로 떨어질까〉〈햇빛은 무슨 색깔일까〉 등이 있고, 〈과학 이야기〉〈물리학이 즐겁다〉를 비롯한 많은 저서가 있습니다.

우주_지구의 탄생 꿈꾸는 초록빛 지구
글_ 박미영 그림_ 이주록 감수_ 곽영직

펴낸이_ 김동휘 **펴낸곳_** 여원미디어(주) **출판등록_** 제406-2009-0000032호
주소_ 경기도 파주시 회동길 130(문발동) 탄탄스토리하우스 **전화번호_** 080 523 4077 **홈페이지_** www.tantani.com
기획·편집·디자인 진행_ 글그림 기획_ 이기경 김세실 안미연 **편집_** 이연수 **일러스트 디렉팅_** 김경진 **디자인_** 이경자
제작책임_ 정원성

판매처_ 한국가드너(주) **교육 마케팅_** 배선미 박관식

The Universe_Birth of the Earth   The Green Planet
From the birth of the earth, dinosaurs, and humans….
Here, we trace the history of the earth back to 460 million years when the earth was created.

이 책에 실린 글과 그림의 무단 복제 및 전재를 금합니다.

이 세상은 어떻게 이루어졌을까요? 우리는 그 해답을 우주에서 찾고 있습니다. 또 우주는 인간의 미래입니다. 우주와 별의 탄생에서부터 인간의 미래가 담긴 우주 탐사까지…. 우주와 관련된 다양한 현상과 사실을 밝혀 줍니다.

우주

- 지구의 탄생
- 지구의 모습
- 날씨
- 지구의 움직임
- 암석
- 태양계
- 달
- 별의 일생
- 우주 탐사

동물
- 생물과 무생물
- 먹이 사슬
- 태생과 난생
- 동물의 모습
- 동물의 성장
- 동물의 위장
- 고향을 찾아서
- 동물의 서식지
- 동물의 집짓기
- 동물의 의사소통
- 동물의 수면
- 동물의 겨울나기
- 먹이 구하기
- 아기 키우기

물 리
- 물질의 성질
- 물질의 상태 변화
- 공기
- 시간
- 소리
- 중력
- 여러 가지 힘
- 빛과 색
- 전기
- 도구의 원리

식 물
- 식물의 위상
- 식물의 성장
- 식물의 번식
- 식물의 생존
- 식물의 일생
- 먹는 식물들
- 식물의 재배

인 체
- 우리 몸
- 탄생과 성장
- 감각기관
- 소화기관
- 운동순환기관
- 건강함이란

환 경
- 숲
- 강
- 갯벌
- 바다
- 땅
- 멸종동물
- 환경보호
- 재활용
- 인간과 도구

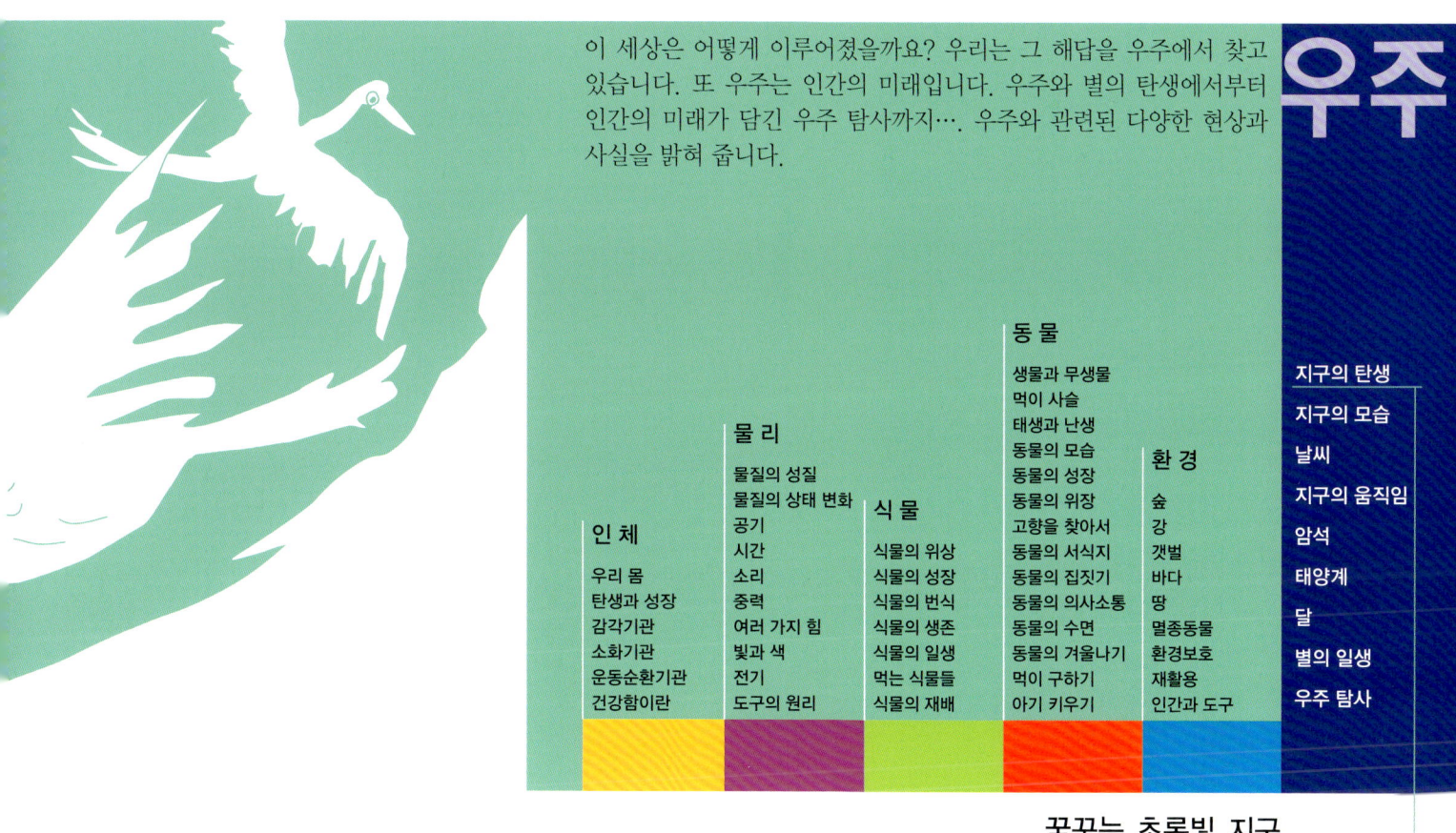

꿈꾸는 초록빛 지구